Fühle dich getragen

Du trauerst,
hast allen Grund, traurig zu sein.
Du hast den Menschen verloren,
mit dem du viel erlebt und erreicht,
dem du viel verdankst und den du geliebt hast.

Du trauerst,
erinnerst dich immer wieder
an die Gespräche, die dich bereichert,
seinen Humor, der dir gut getan,
seine Gelassenheit, die du bewundert hast.

Du trauerst,
stellst Fragen, für die es keine Antwort gibt,
denkst an Pläne, die nicht mehr ausgeführt werden,
und Ziele, die nicht erreicht worden sind,
sagst Liebesworte, die er nicht mehr hört.

Du trauerst,
ich verstehe dich,
finde keine Worte, die trösten können,
will für dich da sein, den Raum schaffen,
den du jetzt brauchst.

Dunkelheit aushalten

An diesen Tagen
da alles in Frage gestellt ist
und Antworten fehlen;
da Sicherheit schwindet
und Zweifel sich breit macht;
da alles schwer fällt
und die Kraft fehlt,
bin ich zu nichts fähig.
Ich meide jeden Kontakt,
muss annehmen, was ist,
die Dunkelheit aushalten,
wünsche mir,
in die Arme genommen zu werden,
und hoffe,
dass es irgendwann wieder hell wird.

Die letzte Reise

Dein Platz neben mir ist leer.

Du bist gegangen
auf deine letzte Reise,
wirst nicht mehr zurückkommen,
nicht mehr erzählen,
nicht mehr Anteil nehmen,
wir können uns nicht mehr gemeinsam freuen.

In mir hast du deinen Platz,
wirst ihn für immer behalten.
Ich bin traurig,
dass du gehen musstest,
aber auch dankbar für die Jahre,
die wir miteinander erleben durften.

Gefangen

Das Leben geht weiter,
sagen sie und versuchen,
mich zu trösten.

Aber ich mag jetzt nicht
mit ihnen spazieren,
das Konzert besuchen,
an der Sitzung teilnehmen
und Ausflüge machen.

Trauer hält mich gefangen,
lähmt mich.
Ich mag nicht zuhören und nicht sprechen,
nichts tun und nichts essen,
will allein sein.

Ich bin traurig.
Je mehr mir bewusst wird,
wie schön unser Leben war,
desto dankbarer werde ich.

Trost spüren

Ich danke für
die stummen Gesten,
die stille Umarmung,
die spontane Hilfe,
den liebevollen Blick,
die persönlichen Worte,
den festen Händedruck,
das wortlose Anteilnehmen.

Sie können mir die Trauer
nicht nehmen,
aber sie geben mir Trost.

Trauer braucht Zeit

Ermutigt durch meine Mitmenschen
wage ich, schwach zu sein.
Ich lasse mir Zeit und
sage, was ich brauche,
was mir guttut,
wo meine Grenzen sind.

Bereichert durch diese Begegnungen
werde ich im Andenken an dich tun,
was wir gemeinsam getan haben
und immer wieder tun wollten:
Möglichkeiten entfalten,
für Mitmenschen da sein,
Schwierigkeiten annehmen,
Schönes genießen,
intensiv leben.

Tod ist auch Leben

Mit dem Tod eines lieben Menschen
sterben Möglichkeiten,
mit ihm neue Erfahrungen zu machen;
erwachen Erinnerungen,
die uns neu bedeutsam werden;
entdecken wir Werte,
die wirklich wichtig sind;
werden wir dankbar
für das Unwiederbringliche;
werden wir aufgefordert,
unser Leben ganz zu leben,
hier und jetzt,
miteinander und füreinander

Loslassen

Viele Jahre haben wir
füreinander gelebt,
miteinander erlebt,
einander belebt.

Wir sind gewachsen,
haben uns verändert,
einander gefördert
und oft auch gefordert.

Wir haben Ja gesagt:
Ja zu uns selbst,
Ja zueinander,
Ja zu dem, was ist.

Jetzt muss ich Ja sagen:
Ja zum Abschied,
Ja zum Alleinsein,
Ja zum Ungewissen.

Ich bin traurig,
dankbar für vieles,
das in mir weiterlebt,
mich für immer geprägt hat.

Was bleibt

Entscheidend ist
nicht die Anzahl der Jahre,
die wir auf dieser Erde sein dürfen.
Entscheidend ist,
wie wir diese Jahre gestalten,
dass wir unsere Anlagen entfalten
und sind, was wir sein können.
Entscheidend ist,
wie wir unseren Mitmenschen begegnen,
wie wir sie fördern
und Leben ermöglichen.
Entscheidend ist,
dass wir unsere Möglichkeiten einsetzen,
Verantwortung wahrnehmen
und beitragen zu einer besseren Welt.
Entscheidend sind
die Spuren der Liebe,
die wir in den Herzen
unserer Mitmenschen hinterlassen.

Deine Spuren sind in mir

Deine Fragen,
die mich oft verunsicherten;
deine Impulse,
die mich anregten;
deine Einwände,
die mich überraschten;
deine Kritik,
die mich weiterbrachte;
deine Aufforderungen,
die mich ermutigten;
deine Unterstützung,
die Neues ermöglichte;
deine Anerkennung,
die mich bestärkte.

Ich bin dankbar, aber traurig,
weil mir jetzt bewusst wird,
dass ich dir so selten sagte,
was du mir bedeutest.

Du wirst weiterleben,
weiterwirken durch mich,
wenn ich in Zukunft lebe,
was ich bisher versäumt habe.

Im Herzen reich

Durch deinen Tod
ist die Welt ärmer geworden.

Ich will bewahren,
was du geschafft,

wachsen lassen,
was du gesät;

weiter führen,
was du begonnen hast.

Durch dein Leben,
ist meines reicher geworden.

Erinnerung

All das Schöne,
das wir gemeinsam erlebt haben,
ist nicht mehr,
wird nie mehr sein.

All das Schöne,
das wir gemeinsam erlebt haben,
hat mich geprägt,
bereichert und ermutigt.

All das Schöne,
dass wir gemeinsam erlebt haben,
ermutigt mich,
offen zu sein und Neues zu wagen.

All das Schöne, das ich erleben,
und das Fordernde, das ich meistern werde,
erinnert mich an das Leben mit dir,
für das ich unendlich dankbar bin.

Was zählt

Der Tod eines nahe stehenden Menschen
fordert uns auf,
jeden Tag ganz zu leben:
die eigenen Möglichkeiten zu nutzen,
das Positive zu genießen,
das Schwere zu ertragen,
das Schöne zu bewundern,
an Aufgaben zu wachsen,
das Wesentliche zu sehen,
das Entscheidende zu tun;
vielleicht sogar zu sagen,
was wir bis jetzt verschwiegen;
zu wagen,
was wir bisher nicht getrauten;
zu tun,
was wir schon lange wollten;
zu sein,
wie wir zutiefst sind.
Der Tod eines nahe stehenden Menschen
fordert uns auf,
hier und jetzt zu sein, wie wir sind,
denn es zählt nur das gelebte Leben.

Nicht ganz verloren

Ich weiß,
dass dieses Leben,
das in Liebe zu reifen versäumte,
nicht ganz verloren ist.

Ich weiß,
dass die Blumen,
die beim Morgengrauen welken,
nicht ganz verloren sind.

Ich weiß,
dass die Bäche,
die sich in der Wüste verirren,
nicht ganz verloren sind.

Ich weiß,
dass alles, was in diesem Leben zurückbleibt,
weil es gehemmt ist,
nicht ganz verloren ist.

Ich weiß,
dass meine noch unerfüllten Träume,
meine noch nicht gespielten Melodien
in einer meiner Harfensaiten schlummern
und nicht ganz verloren sind.

Rabindranath Tagore

Ein neuer Weg

Ich spüre Sehnsucht,
will wieder sehen,
was dem Leben Sinn gibt,
wieder hören,
was meine Seele rührt,
wieder spüren,
was letztlich wichtig ist,
wieder aufstehen
und meinen Weg gehen.